Michaela Merten

Engel lieben Dich

49 Botschaften
unserer himmlischen Freunde

Mit Bildern
von

Edit Glavurtić

KÖNIGSFURT-URANIA

Bibliographische Information der Deutschen Nationalbibliothek
Die Deutsche Nationalbibliothek verzeichnet diese Publikation in der Deutschen Nationalbibliographie; detaillierte bibliographische Daten sind im Internet über http://dnb.d-nb.de abrufbar.

Originalausgabe
Krummwisch bei Kiel 2008

www.koenigsfurt-urania.com

Umschlaggestaltung: Antje Betken
unter Verwendung eines Motives von Edit Glavurtić
Bilder: Edit Glavurtić
Lektorat: Edith Ch. Kiel
Project Management: Silvie Bachmann
Layout & Satz: Antje Betken
Druck und Bindung: Druckmanagement s.r.o. – Printed in EU

ISBN 978-3-86826-102-8 (Set: Buch und Karten)

Inhalt

Wie Du diese Karten verwenden kannst..........8

Die 49 Engel und ihre Botschaften

Achaidiel Engel der Inspiration 10
Afriel Engel des jungen Lebens.............................. 11
Amabiel Engel der Hingabe 12
Anael Engel der Liebe und Barmherzigkeit......... 13
Ardousier Engel der Fruchtbarkeit....................... 14
Barakiel Engel des Erfolgs.................................... 15
Boel Engel der inneren Einkehr............................ 16
Camael Engel der Stärke 17
Cathetal Engel des Wachstums............................. 18
Chamuel Engel der bedingungslosen Liebe 19
Charmiene Engel der Harmonie 20
Charoum Engel der Unbestechlichkeit................ 21
Colopatrion Engel der Befreiung.......................... 22
Comissoros Engel der Erneuerung 23
Darel Engel des Lichts.. 24
Fortunata Engel des Glücks 25
Gabriel Engel der göttlichen Offenbarung.......... 26

Gaviel Engel des Sommers 27
Gazardiel Engel des Neubeginns 28
Habuhiah Engel des Gedeihens 29
Ionel Engel der Gesundheit 30
Israfel Engel der Musik 31
Jasiel Engel der Stärke 32
Jophiel Engel der Weisheit 33
Kaliel Engel der Pflanzen und Edelsteine 34
Lehalel Engel der Kreativität 35
Lofiel Engel der Schönheit 36
Manakel Engel des Mondes 37
Mehabiah Engel der Nächstenliebe 38
Mihr Engel der Freundschaft 39
Mumiah Engel der Medizin 40
Nathanael Engel des Erwachens 41
Nemamiah Engel der Gerechtigkeit 42
Ooniemme Engel der Dankbarkeit 43
Oriares Engel der Stille 44
Phanuel Engel der Hoffnung 45
Poyel Engel der Bescheidenheit 46
Rahab Engel des Meeres 47
Ramaela Engel der Freude 48
Raphael Engel des Heilens 49
Rubiel Engel der guten Gelegenheiten 50

Seheiah Engel der Langlebigkeit 51
Spugliguel Engel des Frühlings 52
Stamera Engel der Vergebung 53
Tahariel Engel der Reinheit 54
Tzedequiah Engel des Wohlstandes 55
Uriel Engel des Feuers 56
Yeliel Engel der liebevollen Partnerschaft 57
Zadkiel Engel der Rechtschaffenheit 58

Literaturnachweis 59

Die Autorin 60
Die Malerin 61

Wie Du diese Karten verwenden kannst

Engel faszinieren uns und erinnern uns an eine Zeit, als wir alle noch eins waren. Wo es keine Polarität gab, wo wir eintauchten in ein Meer von Liebe. Ihr Anblick gibt uns das Gefühl der Sicherheit und Geborgenheit. Wenn wir sie sehen oder spüren, dann wissen wir, dass nichts mehr passieren kann, und alles gut ist, wie es ist.

Die Kommunikation mit Engeln schenkt uns reine Freude. Und diese Freude wird von den Engeln geteilt. Als reine Wesen voller Hingabe jubilieren sie, wenn wir voller Glück und Begeisterung sind; wenn wir uns auf ihre Ideen und Hinweise einlassen und uns dadurch etwas Wundervolles gelingt.

Diese Karten sollen Dir Tag für Tag neue Impulse geben, wie Du Deine Energie zielgerichtet einsetzen kannst. Am frühen Morgen gezogen, zeigen sie Dir die Energie des Tages. Schön ist es auch, wenn Du die Karte sichtbar auf Deinen Schreibtisch stellst, damit Dein Blick auf dem Antlitz Deines Engels verweilen kann. Nimm die zarten Schwingungen auf, denke eine Weile über den Impuls nach und verwende die dazugehörende Affirmation, indem Du sie mehrmals am Tag wiederholst.

Engel sind unsere Freunde und unsere Helfer. Wir sind gesegnet, dass wir Tag für Tag mit ihrer Energie beschenkt werden.

Lass Dich von ihrer Herzensgüte umarmen!

Deine Michaela Merten

Achaidiel

Engel der Inspiration

Als ein Engel aus der Sphäre der Venus hat er die Aufgabe, uns mit höheren Ideen zu beflügeln. Er sendet den Impuls, uns mit Schönheit, Musik und Kunst zu beschäftigen. Achaidiel bringt in uns bislang unerkannte Talente hervor und wacht über sie, damit sie ungestört wachsen können.

Diese Karte ist eine Aufforderung, Deine verborgenen Talente ans Tageslicht zu bringen und sie auszuleben.

Ich bin bereit für die Talente,
die sich in mir entwickeln wollen.
Ich bin offen für die göttliche Inspiration.

Afriel

Engel des jungen Lebens

Den Überlieferungen nach wird er zum Schutze der Neugeborenen und Säuglinge gerufen. Er wacht aber auch über alles Junge und Anmutige, was in uns entstehen will, ungeachtet dessen, wie alt wir sind. Afriel verleiht Lebendigkeit sowie Stärke und kümmert sich um den Schutz der Tiere.

Diese Karte ist eine Aufforderung, das Zarte, Neue, das in uns entstehen will, zuzulassen.

Ich erlaube mir, neue Impulse aufzunehmen und diese in mir wachsen zu lassen. Ich bin frei, diese neue Lebendigkeit zu kommunizieren.

Amabiel

Engel der Hingabe

Er wacht über die Sexualtät der Menschen. Es geht ihm um gegenseitigen Respekt, Liebe und Anerkennung in der körperlichen Leidenschaft. Amabiel wird auch dem Planeten Mars zugeordnet.

Diese Karte ist eine Aufforderung, Deine Sexualität näher zu beleuchten. Wo bin ich erfüllt? Wo sitzen meine tiefgreifenden Ängste? Was bin ich bereit zu geben?

Ich bin glücklich und erfüllt
in meiner Sexualität
und gebe mich der Körperlichkeit
vollständig hin.

Anael

Engel der Liebe und Barmherzigkeit

Paare, die kurz vor ihrer Hochzeit stehen, werden von ihm gesegnet. Sie können sich ihm voller Vertrauen zuwenden und ihn um eine glückliche Ehe bitten. Als Engel der Liebenden erfüllt es Anael mit großer Freude, wenn sich zwei Menschen gefunden haben.

Diese Karte ist eine Aufforderung, Dir Deine Partnerschaft bewusst anzusehen. Wo könnt Ihr Euch noch mehr unterstützen? Worauf könntet Ihr noch mehr Aufmerksamkeit legen?

Ich lebe in einer glücklichen und erfüllten Liebesbeziehung.

Ardousier

Engel der Fruchtbarkeit

Der Überlieferung zufolge wird er gebeten, die Frauen fruchtbar zu machen. Ardousier wird auch »Spenderin des Lebenswassers« genannt, weil sie darauf achtet, dass die Frauen genügend Muttermilch geben können. Oft wird dieser Engel auch angerufen, um die Geburt zu erleichtern.

Diese Karte ist eine Aufforderung, sich die Frage zu stellen, was in Dir »geboren« werden will. Das kann ein Kind sein, das kann aber auch der Beginn einer neuen Aufgabe sein.

Ich bin bereit,
die Veränderungen in meinem Leben
mit offenen Armen zu empfangen.

Barakiel

Engel des Erfolgs

Er hilft uns, unsere Herzen für Heiterkeit und Fröhlichkeit zu öffnen. Wir können ihn um Glück und gutes Gelingen bitten. Unser Sinn für Humor wird gefördert und wir lernen, uns für unsere Mitmenschen zu freuen. Neid hat keinen Platz mehr in unserem Leben. Seine Gabe ist es, uns Erleuchtung zu bringen. Barakiel begünstigt die neue Chance in unserem Leben.

Diese Karte ist eine Aufforderung, Dich für Neues in Deinem Leben zu öffnen. Sei flexibel und voller Vertrauen, die neue Chance steht schon für Dich bereit.

Ich bin einzigartig und erschaffe mir eine Umgebung voller Fröhlichkeit und Glück.

Boel

Engel der inneren Einkehr

Boel bedeutet »Gott ist in ihm«. Er ist der Bewahrer der vier Schlüssel zu den vier Ecken der Erde und vermag die Engel in den Garten Eden einzulassen. Er symbolisiert innere Führung und Besinnlichkeit. Versonnen blickt er nach innen, um Antworten zu erhalten.

Diese Karte ist eine Aufforderung, in die Stille einzutauchen und Deiner inneren Stimme zuzuhören. Wohin will Dich Deine innere Führung leiten? Dafür ist es sehr hilfreich, täglich zu meditieren.

Ich gehe meinen Aufgaben besonnen nach.
Ich folge meiner inneren Stimme,
denn sie geleitet mich zurück auf meinen Weg.

Camael

Engel der Stärke

Er wird auch oft mit zwei Gesichtern dargestellt. Ein Teil von ihm ist die Liebe, der andere ist der Krieger. Er zeigt uns, dass man für seine Aufgabe auch kämpfen soll. Camael verkörpert die Stärke bei der Verwirklichung unserer Ziele und ist ein strenger Fürsprecher. Wir sollen unsere Schattenseiten betrachten und annehmen.

Diese Karte ist eine Aufforderung an Dich, ehrlich zu Dir selbst zu sein und Dir einzugestehen, wo Deine zwei Gesichter sind. Wann zeigst Du Deine positive und wann Deine negative Seite?

Ich bin ehrlich zu mir selbst und meinen Mitmenschen. Ich kann mich so zeigen, wie ich bin, und muss mich nicht mehr verstellen.

Cathetal

Engel des Wachstums

Oft wird er gerufen, um das Gedeihen von Früchten und Gemüse zu unterstützen. Cathetal gibt uns den Impuls, die Naturgeschöpfe zu achten. Wir sollten die Nähe zur Natur wiederentdecken und ihr mit Liebe und Aufmerksamkeit begegnen. Wenn wir unsere Verbindung zur Schöpfung in uns erwecken, treten wir ein in Harmonie mit unserem Selbst.

Diese Karte ist eine Aufforderung, Dich mit der Natur zu verbinden und mit ihr in Kommunikation zu treten.

Ich bin ein Teil der Natur mit all ihren wundervollen Gaben und in liebevoller Achtsamkeit mit mir selbst verbunden.

Chamuel

Engel der bedingungs-losen Liebe

Chamuel bedeutet »Gott ist mein Ziel«. Er ist der Hüter der Herzensenergie und unterstützt uns dabei, Toleranz und Mitgefühl unseren Mitmenschen gegenüber zu entwickeln. Wenn wir einen sehnsuchtsvollen Herzenswunsch hegen, können wir Chamuel bitten, ihn zu erfüllen. Seine Herzensgüte umgibt uns mit liebevoller Wärme. Umhüllt von seiner Kraft, fühlen wir uns geborgen.

Diese Karte ist eine Aufforderung, dem Ruf des eigenen Herzens zu folgen. Achte darauf, dass Du voller Mitgefühl bist, denn das ist die Sprache des Herzens.

Ich liebe mich selbst und begegne meinen Mitmenschen in liebevoller Aufmerksamkeit.

Charmiene

Engel der Harmonie

Sie ist die Hüterin der kosmischen Ordnung. Dieser Engel gibt uns Sicherheit, wenn wir aus dem Gleichgewicht geraten sind, denn die kosmische Ordnung ist eine heilige Struktur. Charmiene möchte uns an unsere Aufgabe innerhalb des göttlichen Bauplans erinnern.

Diese Karte ist eine Aufforderung, Deine Strukturen zu transformieren und neu zu überdenken. Dies kann eine überholte Denkstruktur sein, ein altes Handlungsmuster oder aber auch die Struktur im Außen.

Ich überprüfe die Strukturen, in welchen ich mich jetzt bewege, und bin mir bewusst, was ich loslassen werde. Meine Entscheidungen kommuniziere ich voller Liebe.

Charoum

Engel der Unbestechlichkeit

Charoum lehrt uns, liebevolle Integrität zu wahren im Umgang mit unseren Mitmenschen, aber auch zu uns selbst. Er hilft uns, zu guten Zuhörern zu werden, und gibt uns die innere Stärke, Geheimnisse bewahren zu können.

Diese Karte ist eine Aufforderung, Deinen Charakter zu stärken und mit Dir liebevoller umzugehen. Es geht um Entwicklung und darum, genauer hinzusehen und etwas zu verändern.

Ich bin voller innerer Stärke und gehe meinen Weg. Ich bin mir nah und achte auf die Antworten meines Herzens. Ich bin in meinen Handlungen klar und unbestechlich.

Colopatrion

Engel der Befreiung

Dieser Engel ermöglicht das Öffnen von verschlossenen Türen. Er unterstützt uns dabei, uns für unsere Unabhängigkeit einzusetzen – im Inneren wie im Äußeren. Oftmals fühlen wir uns so, als lebten wir hinter verschlossenen Türen. Colopatrion möchte uns diese selbst gewählten Begrenzungen aufzeigen und uns ermutigen, die Freiheit zu wählen.

Diese Karte ist eine Aufforderung, sich der inneren und äußeren Begrenzungen bewusst zu werden. Wo fehlt Dir die Freiheit, Dich zu leben?

Ich bin unabhängig und frei. Ich lasse alle einengenden Muster los und freue mich auf die Möglichkeiten, die sich dadurch ergeben.

Comissoros

Engel der Erneuerung

Wir können ihn um einen Neubeginn bitten. Er sät die Hoffnung und die positiven Erwartungen in unser Herz. Er ist einer der vier Engel, die über den Frühling wachen. Die Essenz seiner Energie ist die Wiedergeburt. Comissoros schickt reine Lichtenergie in alles, was lebendig sein will, und unterstützt damit die Wachstumskraft.

Diese Karte ist eine Aufforderung, Dich der Erneuerung zu öffnen. Das Neue tritt in Dein Leben, empfange es mit offenen Armen!

Ich lasse das Alte hinter mir und begegne dem Neuen voller Freude und Zuversicht. Ich bin beschützt auf allen meinen Wegen.

Darel

Engel des Lichts

Er unterstützt all jene, die Gefahr laufen, die Hoffnung und den Glauben zu verlieren. Diesen Menschen schenkt er Energien des Lichts und der Liebe. Darel ist zuständig für die »Erste Hilfe«. Dieser Engel gibt uns den Impuls, unser inneres Licht stärker strahlen zu lassen, damit es nach außen wirken kann.

Diese Karte ist eine Aufforderung, den Glauben an die eigene Kraft wieder zu stärken. Die Situation mag noch so hoffnungslos erscheinen – sei voller Zuversicht und verbinde Dich mit Deinen Engeln. Bitte sie aktiv um Rat.

Ich bin voller Licht und Liebe zu mir selbst.
Ich glaube an meine eigene Kraft
und schreite mutig voran.

Fortunata

Engel des Glücks

Er bringt uns Wohlstand und Reichtum. Der Erfolg stellt sich ein, wenn Du Deine Lebensaufgabe authentisch und voller Enthusiasmus lebst. Bitte Fortunata um Unterstützung bei Deinen beruflichen Aktivitäten, aber achte darauf, dass diese Tätigkeit Dich mit Freude erfüllt. Dann kann sich diese Fülle auch im Außen manifestieren.

Diese Karte ist eine Aufforderung, Deinen inneren Reichtum wiederzuentdecken. Erlaube Dir, in die Erweiterung zu gehen und die Vermehrung Deines Wohlstandes zuzulassen.

Ich bin innerlich und äußerlich reich.
Ich erkenne die glücklichen Fügungen und ergreife die Möglichkeit, die sich mir bietet.

Gabriel

Engel der göttlichen Offenbarung

Als Vermittler zwischen Himmel und Erde hilft er uns, unsere Träume und Visionen zu deuten. Seine Aufgabe ist es auch, die Seelen der ungeborenen Kinder von der Zeugung bis hin zur Geburt zu begleiten. Wir sollten uns auf ihn einstimmen, wenn wir es wünschen, Kontakt zur Göttlichkeit zu bekommen. Gabriel gibt uns den Impuls, alte Erinnerungen loszulassen.

Diese Karte ist eine Aufforderung, Dir Deiner Verbindung zur göttlichen Kraft bewusst zu werden.

Ich bin verbunden mit der göttlichen Kraft in mir. Die Verstrickungen der materiellen Welt nehme ich wahr, aber sie haben keine Macht mehr über mich.

Gaviel

Engel des Sommers

Der Sommer ist das Symbol der Fülle und Erfüllung, alles wächst und gedeiht. Dieser Engel gibt Dir den Impuls, Dich zu freuen und zurückzulehnen. Die Aufbauarbeit hat sich gelohnt, die Weichen sind gestellt. Bevor Du erntest, kannst Du Dich und Deine Lieben feiern! Atme die Fülle mit jeder Zelle Deines Seins ein. Lobe Dich dafür, was Du geschaffen hast! Beschenke Dich mit etwas, das Du Dir wünschst.

Diese Karte ist eine Aufforderung, Dich für Dein Werk zu feiern und zu belohnen. Sei fröhlich und lache, auf dass Deine Taten gesegnet werden.

Ich bin dankbar und voller Freude, dass alles so wundervoll gelungen ist.

Gazardiel

Engel des Neubeginns

In jedem Neubeginn wohnt eine unschuldige Freude und Begeisterung. Wir können Gazardiel darum bitten, uns in unseren geplanten Aktivitäten zu unterstützen. Er wacht auch über die aufgehende Sonne, denn sie gilt als Symbol des Erwachens und der Erleuchtung. Mach Dir keine Sorgen, Deine Transformation ist behütet und beschützt.

Diese Karte ist eine Aufforderung, einen Neubeginn zu wagen. Sei mutig und voller Freude, Deine Begeisterung wirkt ansteckend.

***Ich freue mich auf den Neubeginn,
der mein Leben mit Begeisterung erfüllt.
Meine neuen Schritte gehe ich sicher
und selbstbewusst.***

Habuhiah

Engel des Gedeihens

Dieser Engel unterstützt den Aufbau auf allen Ebenen. Traditionell wird er auch als Schutzengel für die Landwirtschaft gerufen. Er hilft uns dabei, Krankheiten zu heilen und unsere Gesundheit zu erhalten. So ist die Heilung der Gefühle ein wichtiger Faktor für unser spirituelles Wachstum.

Diese Karte ist eine Aufforderung, Deine Gefühle wieder in Harmonie zu bekommen. Sieh nach vorn. Gibt es etwas in Deinem Leben, an dessen Aufbau Du Dich beteiligen möchtest?

Ich bin in meiner Mitte. Meine Gefühle sind im Einklang mit meinen Gedanken und Handlungen. Ich habe eine Aufgabe, die mich mit Freude erfüllt.

Ionel

Engel der Gesundheit

Ihn bitten wir, uns bei der gesunden Lebensführung zu unterstützen. Dieser Engel hilft uns dabei, unseren Energiehaushalt in Balance zu bringen. Vollkommene Gesundheit ist ein Zusammenwirken von Körper, Geist und Seele. Um dies zu erreichen, ist es wichtig, unsere Gefühle zu heilen. Wir können Ionel ersuchen, unsere Gesundwerdung auf allen Ebenen zu unterstützen.

Diese Karte fordert auf, sich mehr um die eigene Gesundheit zu kümmern. Was braucht Dein Körper? Gibt es in Dir noch unterdrückte Gefühle?

Ich bin vollkommen gesund.
Mein Körper und ich sind eine strahlende und kraftvolle Einheit.

Israfel

Engel der Musik

Er inspiriert den Menschen dazu, Musik zu machen, die Stimme erklingen zu lassen und auch zu komponieren. Israfel erweckt in uns die Kreativität. Sein Symbol ist das Musikinstrument, er bringt die musikalische Seite zum Schwingen und inspiriert dazu, wieder zu singen und zu musizieren.

Diese Karte ist eine Aufforderung, Deine kreative, spielerische Seite wiederzuerwecken. Wann hast Du das letzte Mal gesungen und getanzt? Bewerte Dich nicht, sei einfach voller kindlicher Freude in Deinem Tun.

Ich bin erfüllt von Freude und spielerischer Leichtigkeit. Ich begebe mich auf Entdeckungsreise zu meiner kreativen Seite.

Jasiel

Engel der Stärke

Sein Name bedeutet »Stärke des Gottes«. Dieser Engel gibt uns den Impuls, sich von niemandem beeinflussen zu lassen und seinen Ängsten keinen freien Lauf zu lassen. Ängste können dort entstehen, wo die eigene Willenskraft nicht stark genug entwickelt ist. Niemand hat das Recht, Dich herabzusetzen, am wenigsten Du selbst.

Diese Karte ist eine Aufforderung, zu Deiner Kraft zu finden und Dein Selbstwertgefühl aufzubauen. Nichts und niemand kann Dich aus der Fassung bringen.

Ich bin es wert, geliebt zu werden. Mein Wille ist stark genug, um meine Aufgaben zu bewältigen. Ich bin voller Tatendrang.

Jophiel

Engel der Weisheit

Er gibt jenen Seelen starken und unerschütterlichen Halt, die nach dem Göttlichen suchen und streben. Seine Weisheit und aufopfernde Geduld kommt allen Seelen zugute, die sich noch nicht sicher sind, wie ihr Weg aussehen soll. Er hilft uns dabei, unsere innere Wahrheit zu entdecken. Voller Liebe wacht er über die Menschen und umhüllt sie mit Geborgenheit und Schutz.

Diese Karte ist eine Aufforderung, ruhig und gelassen zu bleiben. Gehe in Dich und begegne Deiner Wahrheit.

Ich bin ruhig und gelassen. Ich bin beschützt. In dieser Geborgenheit gebe ich mir den Raum und die Zeit, um meine Wahrheit zu finden.

Kaliel

Engel der Pflanzen und Edelsteine

Diesen Engel können wir auch rufen, wenn wir erste Hilfe benötigen oder eine »geistige Feuerwehr« brauchen. Kaliel kennt die magischen Formeln der Pflanzen und Edelsteine. Er lehrt das Wissen über sie, berät uns und zeigt, wie man sie magisch aufladen kann.

Diese Karte ist eine Aufforderung, uns mit unserem Schutzstein zu verbinden und ihn eine Zeitlang bei uns zu tragen. Sei durchlässig und offen für die Informationen, die Dir die Wesen aus der anderen Ebene senden wollen.

Ich bin im Einklang mit der Natur und mit mir selbst. Die feinstofflichen Energien geben mir wertvolle Impulse für meinen Weg.

Lehalel

Engel der Kreativität

Diesen Engel können wir bitten, uns Glück und eine lichtvolle Zukunft zu bringen. Die Faszination für eine Idee oder einen Menschen wird durch persönlichen Magnetismus hervorgerufen. Lehalel hilft uns dabei, dieses Charisma zu entwickeln. Die Kommunikation mit anderen wird durch ihn erleichtert. Mit unserer Kreativität können wir uns Ausdrucksformen aneignen, die uns materiellen Besitz bringen.

Diese Karte ist eine Aufforderung, unsere Kreativität zu entwickeln. Sei wieder spielerisch wie ein Kind. Entwickle neue Ideen und bringe sie mutig zum Ausdruck.

Ich bin voller kreativer Ideen, die mir und den Menschen Freude und Glück bringen.

Lofiel

Engel der Schönheit

Alles, was wir mit den Augen der Liebe sehen, ist schön. Lofiel hilft uns dabei, unsere Vorurteile und fremdbestimmten Meinungen über unsere Mitmenschen loszulassen. Er unterstützt uns, unsere Betrachtungsweise zu verändern und keinerlei Bewertungen mehr zu denken oder auszusprechen. Er öffnet unsere Augen für die Schönheit unserer Welt.

Diese Karte ist eine Aufforderung, in allen Dingen die göttliche Schöpferkraft zu erkennen. Umgib Dich mit schönen Dingen und positiven Menschen.

Ich bin mir der Schönheit meines Selbst bewusst. Ich öffne meine Augen und mein Herz für die Schönheit der Schöpfung und öffne mich für das Wunder meines Lebens.

Manakel

Engel des Mondes

Dieser Engel schenkt Dir ein ruhiges und friedliches Leben. Er hilft bei Depressionen und Instabilität. Manakel verhindert Isolation und Introvertiertheit. Er schickt uns Warnträume und fördert einen gesunden Schlaf. Wir können Manakel bitten, unsere Ängste aufzulösen und Melancholie in Freude umzuwandeln.

Diese Karte ist eine Aufforderung, Dich nicht in Dich selbst zu vergraben oder zu resignieren, sondern an der Freude des Lebens teilzuhaben.

Ich stehe innerlich aufrecht da und umarme das Leben. Meine Kraft und mein Glaube an meine Göttlichkeit sind unerschütterlich.

Mehabiah

Engel der Nächstenliebe

Wir können unseren Nächsten nur lieben, wenn wir uns selbst lieben. Denn nur das, was in unserem Erfahrungsschatz liegt, können wir weitergeben. Mehabiah gibt uns den Impuls, Mitgefühl, Güte und Nächstenliebe zu entwickeln. Es geht auch darum, die spirituelle Seite anzunehmen und zu zeigen. Ferner wird er um Hilfe gebeten, wenn es gilt, Prüfungen zu bestehen.

Diese Karte ist eine Aufforderung, Deine Selbstliebe zu entwickeln und Vertrauen zu fassen, dass alles zum richtigen Zeitpunkt zu Dir kommt. Sei hilfsbereit und voller Güte.

Ich bin voller Vertrauen zu mir selbst. Alles geschieht zu meinem Besten. Ich sehe das Göttliche in mir und meinen Mitmenschen.

Mihr

Engel der Freundschaft

Mihr bedeutet »Frieden« – zwischen Freunden und Lebenspartnern. Hier geht es um die liebevolle Zusammenführung von Menschen, die innerlich in einer Gruppe miteinander verbunden sind. Mihr unterstützt die Gnade des Verzeihens auf allen Ebenen. Er ist Vermittler zwischen den himmlischen und den irdischen Beziehungen.

Diese Karte ist eine Aufforderung, den Dialog zwischen Dir und Deinen Freunden zu vertiefen. Jede Freundschaft durchläuft Phasen der Transformation. Nimm diese als Potenzial zur Erneuerung an.

Ich bin voller Liebe zu mir und zu meinen Freunden. Ich habe Verständnis für ihre Andersartigkeit und respektiere sie.

Mumiah

Engel der Medizin

Sein Hauptgebiet sind die heilenden Wissenschaften. Als Schutzengel der Ärzte und Heiler gibt er den Impuls, das spirituelle Wissen in richtiger Weise anzuwenden. Seine Energie schenkt uns Heiterkeit und Kraft, um alle Verzweiflung zu überwinden. Der Tradition zufolge verleiht Mumiah Gesundheit und Langlebigkeit. Er ist ein Engel der Wunder, da er die physikalischen Gesetze außer Kraft setzen kann.

Diese Karte ist eine Aufforderung, Dein spirituelles Wissen in richtiger Weise anzuwenden. Sei klar in Deinen Gedanken und Handlungen.

Ich bin verbunden mit dem allumfassenden, göttlichen Wissen. Meine Handlungen dienen dem Wohle der Menschheit.

Nathanael

Engel des Erwachens

Seine Stärke liegt im Dienste des Erwachens. Wir sollen unseren Verstand ausschalten und anfangen, mit dem Herzen zu sehen. Nathanael wird gerufen, wenn wir nicht mehr wissen, wohin wir gehören. Schweben dunkle Wolken über uns, dann zeigt uns dieser Engel die Schönheit und Reinheit unserer Seele. Seine Aufgabe ist es, die Evolution voranzubringen.

Diese Karte ist eine Aufforderung, sich bewusst zu sein, dass wir alle mit einem Schleier des Vergessens umhüllt sind. Durchtrenne diesen Schleier und arbeite Deinem Erwachen zu.

Ich lasse alle alten und einschränkenden Muster los und öffne mich für mein Erwachen.

Nemamiah

Engel der Gerechtigkeit

Dieser Engel beschützt alle, die sich für mehr Gerechtigkeit einsetzen. Er gibt den Impuls, den äußeren Schein zu durchschauen. Er unterstützt uns dabei, unsere Intuition und Hellsichtigkeit zu entwickeln. Die Gabe der Unterscheidung zwischen Wesentlichem und Unwesentlichem wird durch Nemamiah geschärft.

Diese Karte ist eine Aufforderung, die Ungerechtigkeiten in Deinem Leben nicht mehr unausgesprochen zu lassen. Höre auf Deine Gefühle und äußere sie auf liebevolle, aber bestimmte Art und Weise.

Ich bin kraftvoll und stark in der Kommunikation meiner Standpunkte. Ich spreche klar und deutlich aus, worum es mir geht.

Ooniemme

Engel der Dankbarkeit

Dieser Engel lehrt uns, auch die dunkelsten Stunden unseres Lebens in Dankbarkeit und Liebe anzunehmen. Alles, was uns widerfährt, dient unserer seelischen Weiterentwicklung. Wir transformieren und sind bereit, die nächste Entwicklungsstufe in unserem Sein zuzulassen. Das Leben ist voller Geschenke, auch wenn wir dies nicht im selben Augenblick wahrnehmen können.

Diese Karte ist eine Aufforderung, dankbar zu sein für alles, was auf Dich zukommt. Vertraue in den göttlichen Plan, denn Du hast ihm zugestimmt.

Ich liebe das Leben und empfange es dankbar mit offenen Armen. Ich bin voller Urvertrauen.

Oriares

Engel der Stille

Als einer der Hüter des Winters symbolisiert er die Zeit der Ruhe und des Nachdenkens. Schau in Dich, betrete Deine innersten Räume und finde heraus, was für Dich gerade jetzt am wichtigsten ist. Die Zeit, mit Dir in den inneren Dialog zu gehen, ist kostbar und gibt Dir die Möglichkeit, einen großen Entwicklungsschritt zu gehen.

Diese Karte ist eine Aufforderung, sich in Klausur zu begeben, um Kontakt zur inneren Stimme zu bekommen. Frage Dich, was Du für die jetzige Lebensphase brauchst, und folge dieser Antwort.

Ich gebe mich meiner inneren Führung hin. Ich vertraue darauf, dass alles richtig und gut ist, so wie es ist.

Phanuel

Engel der Hoffnung

Er ist dafür da, uns zu unterstützen, wenn wir etwas wiedergutmachen wollen. Es ist wichtig für uns, zu unseren Fehlern zu stehen, Verantwortung zu übernehmen und die Konsequenzen daraus zu bejahen. Dieser Engel gibt uns die Hoffnung in uns selbst und in unsere Mitmenschen wieder zurück.

Diese Karte ist eine Aufforderung, in der neugewonnenen Hoffnung den Sinn für die Realität nicht zu verlieren. Es ist gut zu verzeihen und loszulassen. Es ist auch wichtig, den Boden unter den Füßen zu spüren.

Ich bin voller Hoffnung und Zuversicht. Dieses Mal bleibe ich mit beiden Beinen auf dem Boden und entscheide mein weiteres Vorgehen weise und verantwortungsvoll.

Poyel

Engel der Bescheidenheit

Dieser Engel möchte uns zeigen, dass wir Demut entwickeln sollten, auch hilft er uns, Gleichgültigkeit und Stolz zu überwinden. Er unterstützt uns dabei, die Schüchternheit zu besiegen und optimistisch zu werden. Poyel bringt Schönheit, Reichtum sowie Harmonie in unser Leben.

Diese Karte ist eine Aufforderung, Deine Schüchternheit zu überwinden und optimistisch in die Welt zu blicken. Mach Dich vom Einfluss fremder Menschen frei und strahle wahre Herzensgüte aus.

Ich bin voller Kraft und Stärke.
Meine Ziele verwirkliche ich
voller Zuversicht.

Rahab

Engel des Meeres

Seine Aufgabe ist es, die Wogen und Wellen im Gleichgewicht zu halten. Er hilft uns, den Stürmen und Überschwemmungen in unserem Leben zu begegnen. Seine Aufgabe ist es aber auch, uns in unsere Tiefe zu bringen. Unser Unterbewusstsein ist eine Quelle unerschöpflichen Reichtums. Wenn wir diese erschließen, sind wir unserer Göttlichkeit nah.

Diese Karte ist eine Aufforderung, in die eigene Tiefe hinabzusteigen und herauszufinden, was Dein wahrer Schatz ist.

Ich bin vereint mit allen Aspekten meines Selbst. Ich bin verbunden mit meiner Tiefe und lasse sie zu.

Ramaela

Engel der Freude

Er erinnert Dich an die Bereiche im Leben, die Dir Spaß machen. Dieser Engel wird gerufen, wenn im Leben große Traurigkeit herrscht. Lass Deine Sorgen und Ängste los und fang an zu lachen! Lachen bringt uns auf die Ebene des Glücks zurück. Ramaela beschenkt uns mit Unbeschwertheit und Humor, mit Leichtigkeit und Licht – sie führt die Seelen ins Paradies.

Diese Karte ist eine Aufforderung, Deine kindliche, spielerische Freude wieder ans Tageslicht zu holen. Sei albern und hab Spaß!

Ich entspanne mich und lasse allen Leistungsdruck los. Ich bin voller Freude und Unbeschwertheit.

Raphael

Engel des Heilens

Sein Name besagt: »Gott heilt«. Er ist in vielen Bereichen tätig. Seine Hauptgebiete sind die Wissenschaft und das Wissen, er ist aber auch der Beschützer der Reisenden, ebenso der kranken Menschen. Sein Impuls ist es, die Hoffnungslosigkeit und Mutlosigkeit im Hinblick auf die Heilungsvorgänge zu vertreiben sowie die Seelenkräfte zu stärken.

Diese Karte ist eine Aufforderung, sich auf die inneren und äußeren Heilungsprozesse zu konzentrieren. Mutlosigkeit hat jetzt keinen Platz mehr in Deinem Leben.

Ich bin voller Mut und Hoffnung.
Meine innere Stärke und meine Zuversicht
wachsen mit jedem Tag.

Rubiel

Engel der guten Gelegenheiten

Alles, was uns im Leben begegnet, ist ein perfekt abgestimmter Plan zwischen Dir und Deinem höheren Selbst. Dieser Engel erinnert Dich daran, dass es keine »Zufälle« im Leben gibt. Dies alles hast Du mit Deinen Gedanken vorprogrammiert; jetzt gilt es, wachsam zu sein und die Chance auch zu ergreifen, die sich Dir bietet.

Diese Karte ist eine Aufforderung, sich bereitzuhalten für die »Zufälle« im Leben. Sei aufmerksam und offen, denn die Chancen kommen auf Dich zu.

Ich nehme die guten Gelegenheiten
in meinem Leben wahr
und nutze sie zu meinem Besten.
Alles hat seinen tieferen Sinn.

Seheiah

Engel der Langlebigkeit

Dieser Engel steht für den Schutz vor Naturkatastrophen. Er unterstützt uns bei der Entgiftung und hilft uns, Verwirrung und Ungeschicklichkeit zu überwinden. Seheiah schenkt uns die Gabe, Gefahren intuitiv zu erkennen. Er schützt uns vor Angriffen und verleiht uns Gewissheit, dass das Licht letztendlich siegen wird.

Diese Karte ist eine Aufforderung, Dich körperlich und seelisch zu reinigen. Erinnere Dich an Menschen oder Situationen, die Du loslassen möchtest. Schreibe alles auf ein Blatt Papier und verbrenne es.

Nichts Unwillkommenes stört mein System.
Mein lichtvoller Schutz sendet alles
Negative zum Absender wieder zurück.

Spugliguel

Engel des Frühlings

Er wacht über die Erneuerung und den Neubeginn. Er lässt in uns die Hoffnung wachsen und gibt uns Kraft für unsere Wiedergeburt. Spugliguel sät positive Ideen und Erwartungen in unser Herz und unterstützt uns in unserer Lebendigkeit. Seine Lichtenergie strömt in das Wachstum und unterstützt dadurch die Kraft des Neubeginns.

Diese Karte ist eine Aufforderung, Dich dem Neuen wieder vertrauensvoll zu öffnen und an die eigene Kraft zu glauben. Jeder Neubeginn ist eine Wiedergeburt Deines Selbst.

Ich bin voller Vertrauen in das Wunder meines Lebens. Göttliche, lichtvolle Energie durchströmt jede Zelle meines Körpers.

Stamera

Engel der Vergebung

Dieser Engel gibt uns den Impuls, uns und anderen zu verzeihen, egal, wie einschneidend die Verletzung auch gewesen sein mag. Nur so können wir Freiheit erlangen. Die Kraft der Liebe vermag die Grenzen zwischen Dir und den anderen Menschen niederzureißen. Wisse, dass alle Erfahrungen ein fließender Lernprozess auf Deinem Weg zum Erwachen sind.

Diese Karte ist die Aufforderung, Dein Urteil über andere loszulassen und zu verzeihen. Vergib den anderen und auch Dir selbst. Halte nichts fest, schreite voran und lass allen Ballast los.

Ich bin erfüllt von bedingungsloser Liebe.
Ich vergebe den Menschen, die mich
verletzt haben, und segne sie.

Tahariel

Engel der Reinheit

Dieser Engel gibt uns den Impuls, uns körperlich, geistig und seelisch zu reinigen. Wir brauchen eine Phase der Einkehr, um uns über unsere Ziele klar zu werden und unsere kreisenden Gedanken zu beruhigen. Wenn alle Ebenen unseres Seins gereinigt sind, dann ist Platz geschaffen für Neues.

Diese Karte ist eine Aufforderung, Dir einen Ort zu schaffen, wo Du ganz für Dich sein kannst. Dies kann eine Hütte in den Bergen sein oder aber auch an jedem Tag eine bestimmte Stunde, wo Du Dich nur mit Dir selbst und Deinen Fragen beschäftigst.

Ich bin in meinen Gedanken und Taten klar und wahrhaftig. Ich tue das, was mir mein innerstes Gefühl sagt.

Tzedequiah

Engel des Wohlstandes

Das Füllhorn ist voller Segnungen für Dich und Deine Lieben. Seine Kraft bringt Ehre und Reichtum. Wir können Tzedequiah bitten, uns bei unseren Wünschen nach Reichtum und Seligkeit zu unterstützen. Sei bereit, in die Erweiterung zu gehen und Deine Pläne größer auszurichten. Spüre in Dich hinein und erkenne, wo es vielleicht in Dir noch Ängste gibt, die Dich in Deinem Wunsch einschränken.

Diese Karte ist eine Aufforderung, Dir zu erlauben, das Leben in seiner ganzen Fülle anzunehmen.

Ich bin offen für den inneren und äußeren Reichtum, der sich jetzt in meiner Welt offenbart.

Uriel

Engel des Feuers

Seine Energie ist dynamischer Natur. Er ist der Wegweiser, wenn wir an einem Wendepunkt angelangt sind. Uriel bedeutet »Feuer Gottes« – er ist einer der mächtigsten Engel. Uriel lässt uns das Gesetz von Ursache und Wirkung verstehen. Er hilft uns auch, den göttlichen Plan zu erfassen. Er gibt uns das Wissen, dass alles zu unserem Besten geschieht.

Diese Karte ist eine Aufforderung, alles niederzureißen, was Dich daran hindert, Dein Leben zu leben. Was in Dir ruft nach Veränderung? Lass es mit liebevoller Bestimmtheit geschehen.

***Ich bin frei, das zu tun,
was ich mir wahrhaftig wünsche.***

Yeliel

Engel der liebevollen Partnerschaft

Dieser Engel unterstützt uns, wenn wir eine liebevolle Beziehung zu unserem Partner aufbauen wollen. Er hilft uns, unseren Egoismus und unsere Unachtsamkeit zu überwinden. Seine Großzügigkeit verleiht uns den Impuls, ein achtsames Miteinander zu leben.

Diese Karte ist eine Aufforderung, Deine Ichbezogenheit zu verlassen und Dich in Deinen Partner hineinzuversetzen. Lass Deinen Stolz los, um hingebungsvoll lieben zu können.

Ich bin voller Achtsamkeit und liebevoller Zuneigung. Mein Heim und meine Beziehung sind voller Harmonie.

Zadkiel

Engel der Rechtschaffenheit

Zadkiel bedeutet »Gott ist Gnade«. Er ist ein mildtätiger Engel, der uns Trost in allen Lebenslagen spendet. Er entfacht die Sehnsucht nach spiritueller Weiterentwicklung in unserem Herzen, wir können ihn dabei um Führung bitten. Er steht uns bei unserer Transformation zur Seite und geleitet uns zur Freiheit.

Diese Karte ist eine Aufforderung, mehr Aufmerksamkeit auf die spirituelle Entwicklung zu legen. Erlaube Dir, Zeit nur für Dich in Anspruch zu nehmen.

Ich lebe die Werte, die mir wichtig sind. Ich bin verbunden mit mir und meiner göttlichen Weisheit. Ich bin innerlich frei von allen Anhaftungen.

Literaturnachweis

Diana Cooper: ***Der Engel-Ratgeber.*** Ludwig, Ansata 2002

Gustav Davidson: ***A Dictionary of Angels.*** FREE PR 1994

Jean-Marie Paffenhoff: ***Die Engel deines Lebens.*** Silberschnur 1997

John Randolph Price: ***Engel-Kräfte.*** Goldmann 1999

Jeanne Ruland: ***Das große Buch der Engel.*** Schirner 2001

Ambika Wauters: ***Das Engel-Orakel.*** Hugendubel 2000

Autorin und Verlag haben sorgfältig recherchiert und sind bei der Namensgebung und Schreibweise der Engel auf unterschiedliche Schriften und Quellen gestoßen. Deshalb mag der ein oder andere Engelname variieren.

Die Autorin

MICHAELA MERTEN

Bestseller-Autorin und Schauspielerin Michaela Merten ist seit 20 Jahren eine feste Größe in Film, Funk und Fernsehen. Ausgebildet am berühmten Max-Reinhardt-Seminar in Wien, startete sie ihre Karriere am »Theater in der Josefsstadt«. Mit der Sat-1 Serie »Katrin ist die Beste« hat sie wöchentlich bis zu 6 Mio. Zuschauer vor den Bildschirm gelockt und wurde 1999 zur beliebtesten deutschen Schauspielerin gewählt.

Parallel zu ihrer Schauspiel-Karriere beschäftigt sie sich seit 20 Jahren mit Naturheilkunde und ist zu einer gefragten Expertin zu den Themen Wasser, Ernährung und Prävention geworden.

Die sanften Impulse der Engel begleiten sie seit ihrer Kindheit Tag für Tag.

Infos unter www: MichaelaMerten.de

Die Malerin

EDIT GLAVURTIĆ

Geboren in Split, Kroatien
1982: Abschluss der Schule für Kultur und Kunst in Zagreb; 1984: Abschluss der Schule für Angewandte Kunst in Zagreb; Abteilung Malerei; Klasse Prof. Francina Dolenec
1988: Diplom der Akademie für Bildende Kunst in Zagreb; Abteilung Malerei; Klasse Prof. Djuro Seder
1988–1990: Assistentin für Szenografie bei Zagreb – Film; Mitarbeit bei der Zeichentrickserie »Little Flying Bears« (Koproduktion mit dem kanadischen Fernsehen)
1995: Anerkennung ihres in Zagreb erworbenen Diploms durch die Schule für Angewandte Kunst in Wien
Seit 1997 malt sie Engel. Seit 2002 freischaffende Künstlerin, lebt und arbeitet in Wien und Zagreb
Infos unter www.editglavurtic.com

Botschaften für die Seele

Durch die 7 Schlüssel *Freude, Dankbarkeit, Loslassen, Zukunft, Vertrauen, Innerer Frieden* und *Harmonie* zur inneren Balance. Inspirierende Affirmationen, die den Blick aufs Wesentliche lenken.

Michaela Merten
Botschaften für die Seele
7 Schlüssel für innere Balance
49 Karten + 7 Anleitungskarten
ISBN 978-3-03819-316-6,

Erfolgreich Wünschen

Sein Leben selbst gestalten, zum richtigen Zeitpunkt das bekommen, was man braucht – das zeigt uns Pierre Franckh anhand vieler liebevoller Affirmationen.

Pierre Franckh
Erfolgreich Wünschen
7 Regeln, wie Träume wahr werden
49 Karten mit Anleitungskarten
ISBN 978-3-03819-023-3

Erfolgreich Lieben

Pierre Franckhs feinfühliger Wegweiser zur Traumbeziehung.

Pierre Franckh
Erfolgreich Lieben
49 Botschaften, um wieder glücklich zu lieben
Set: Buch, PB, 176 Seiten, farbig illustriert
+ 49 Karten in Großformat
ISBN 978-3-03819-315-9